Nerth dy Draed

Lefel 2: Sylfaen

North by Death

Nerth dy Draed

Lefel 2: Sylfaen

Nerth dy Draed

Lefel 2: Sylfaen

Meleri Wyn James (gol.)

Rhan o gyfres Ar Ben Ffordd

y **L** *olfa*

Hoffai'r Lolfa ddiolch i:

Elwyn Hughes, Cydlynydd Cyrsiau Cymraeg i Oedolion, Prifysgol Bangor

Dr Rhiannon Packer, Uwchddarlithydd Cymraeg, Addysg a Dyniaethau, Prifysgol Casnewydd

Jane Davies, Tiwtor Cymraeg i Oedolion, Canolfan Morgannwg

Lynne Davies, Swyddog Datblygu Casnewydd, Cymraeg i Oedolion, Canolfan Gwent

David Stansfield, Tiwtor Cymraeg i Oedolion, Prifysgol Caerdydd

Mark Stonelake, Swyddog Cwricwlwm ac Adnoddau, Cymraeg i Oedolion, Prifysgol Abertawe

Steve Morris, Academi Hywel Teifi, Prifysgol Abertawe am ei waith ymchwil ar eirfa graidd

a chylchgrawn *lingo newydd* i ddysgwyr Cymraeg

Argraffiad cyntaf: 2012

Cynhyrchwyd y gyfrol hon gyda chymorth ariannol
Adran AdAS Llywodraeth Cymru

Golygydd: Meleri Wyn James
Cynllun y clawr: Rhys Huws

Rhif Llyfr Rhyngwladol:
978 1 84771 462 6

Cyhoeddwyd, argraffwyd a rhwymwyd yng Nghymru
gan Y Lolfa Cyf., Talybont, Ceredigion SY24 5HE
e-bost: ylolfa@ylolfa.com
gwefan: www.ylolfa.com
ffôn: 01970 832 304
ffacs: 01970 832 782

Ar Ben Ffordd

Darnau difyr i ddysgwyr sy'n dysgu Cymraeg ers blwyddyn neu ddwy neu sy'n dilyn cwrs lefel Sylfaen.

Nerth dy Draed (*As Fast as You Can*) ydy'r pedwerydd llyfr yn y gyfres Ar Ben Ffordd (idiom: to help someone get started).

Mae yma amrywiaeth o ddeunydd ffeithiol a ffuglen, dwys a difyr gyda geiriau ar bob tudalen. Mae'r darnau wedi eu hysgrifennu gan arbenigwyr yn y maes dysgu Cymraeg ac awduron adnabyddus fel Bethan Gwanas, Lleucu Roberts ac Euron Griffith.

Elwyn Hughes, Cydlynydd Cyrsiau Cymraeg i Oedolion ym Mhrifysgol Bangor, ydy ymgynghorydd ieithyddol Ar Ben Ffordd.

Am y tro cynta, mae'r gyfres hon yn arwain dysgwyr ymlaen o'r amser pan maen nhw'n dechrau darllen Lefel 1 (Mynediad) at Lefel 2 (Sylfaen), i rai sy'n dysgu Cymraeg ers blwyddyn neu ddwy, a Lefel 3 (Canolradd), i rai sy'n fwy profiadol.

Mae'n rhan o brosiect Llyfrau Darllen Cymraeg i Oedolion AdAS ac yn ymateb i'r angen yn y maes am gyfres o lyfrau darllenadwy i roi hyder i ddysgwyr ar eu siwrnai o un cam i'r nesa.

Darllenwch y gyfres Ar Ben Ffordd i gyd: Lefel 1 (Mynediad): *Camu Ymlaen* a *Ling-di-long*; Lefel 2 (Sylfaen): *Mynd Amdani* a *Nerth dy Draed*; Lefel 3 (Canolradd): *Ar Garlam* a *Cath i Gythraul*.

Enjoyable reading material for learners who have been learning Welsh for a year or two. *Nerth dy Draed* is the fourth book in a series which provides accessible reading material for learners with vocabulary on each page, written by experts in the field of Welsh for learners and well-known Welsh authors such as Bethan Gwanas, Lleucu Roberts and Euron Griffith. Elwyn Hughes from the Welsh for Adults Centre at Bangor University acts as Ar Ben Ffordd's language consultant.

This is the first series of its kind which aims to start learners on the road to reading Welsh and provide them with the confidence to continue with their journey from Level 1 (Mynediad) to Level 2 (Sylfaen) and Level 3 (Canolradd).

The Ar Ben Ffordd series includes: Level 1 (Mynediad): *Camu Ymlaen* and *Ling-di-long*; Level 2 (Sylfaen): *Mynd Amdani* and *Nerth dy Draed*; Level 3 (Canolradd): *Ar Garlam* and *Cath i Gythraul*.

Cynnwys

gog = geiriau sy'n cael eu defnyddio yng ngogledd Cymru/ *words used in north Wales*
de = geiriau sy'n cael eu defnyddio yn ne Cymru/ *words used in south Wales*

Ping

Popiodd
Y Parchedig
Penri
Pappington-Puw
Pepi
Y pwdl
Yn y popty-ping –

Ond
Pan aeth y popty
Ping-pinciti-ping-ping-ping
Roedd
Pepi
Y pwdl yn
… Saws.

Mihangel Morgan

Geiriau
Y Parchedig – *Reverend*
popty-ping – *microwave*
saws – *sauce*

Lluniau: Elwyn Ioan

8

Diwedd y daith

Roedd yr hen fenyw yn cerdded ar hyd y lôn. Roedd yr haul yn disgleirio trwy'r coed ac roedd adar yn canu. Roedd hi'n hapus.

Ar ôl ychydig, roedd mwy o goed wrth ochr y lôn. Roedden nhw'n cau'r haul allan ac roedden nhw'n gwneud yr awyr yn fwy oer. Ond doedd hi ddim yn teimlo'n anghyfforddus.

Wedyn, cyrhaeddodd hi ran o'r lôn lle roedd y coed yn llai a'r golau yn fwy eto. Roedd popeth yn glir. Doedd hi ddim wedi gweld pethau mor glir ers blynyddoedd.

Daeth hi i gyffordd lle roedd y lôn yn rhannu. Roedd un ffordd yn mynd i'r chwith lle byddai'r coed yn gofalu amdani hi. Roedd y llall yn mynd i'r dde ac allan i'r golau.

Doedd hi ddim wedi bod y ffordd yma o'r blaen a doedd dim arwydd i'w helpu hi. Ond roedd hi'n gwybod bod y cyfeiriad yn iawn. Roedd hi'n fodlon gyda'i dewis. Roedd y daith wedi bod yn hir, ac roedd hi'n braf cael ymlacio.

Aeth hi i'r chwith. I gysgod y coed. Doedd hi ddim yn poeni am gerdded ymlaen i ben y daith.

★

"Mae'n ddrwg gen i, Mrs Davies," meddai'r nyrs. "Mae eich mam chi wedi mynd."

Linda Carlisle

Geiriau
disgleirio – *to shine*
anghyfforddus – *uncomfortable*
cyffordd – *junction*
rhannu – *to split*
bodlon – *content*
ei dewis – *her choice*
cysgod – *shadow*
pen y daith – *end of the journey*

Roald Dahl – hoff awdur Prydain

Mae Roald Dahl yn un o awduron enwoca ynysoedd Prydain. Ac roedd e'n dod o Landaf, Caerdydd, yn wreiddiol.

Doedd ei rieni e ddim yn Gymry. Roedd ei dad a'i fam e'n dod o Norwy. Cafodd e ei eni yn Llandaf, Caerdydd, yn 1916. Cafodd e ei fedyddio yn yr eglwys Norwyaidd ym Mae Caerdydd.

Symudodd e i Swydd Buckingham i fyw. Dyna ble buodd e farw yn 1990.

Mae e'n enwog am ysgrifennu llyfrau i blant ac oedolion. Ysgrifennodd e *The Gremlins*, llyfr lluniau i blant. Yna, ysgrifennodd e *The BFG*, *The Witches* a *Matilda*. Mae plant wrth eu bodd yn darllen llyfrau Roald Dahl achos 'dyn nhw ddim yn barchus iawn.

Dechreuodd e ysgrifennu storïau i oedolion, storïau gyda thro yn y gynffon. Roedd *Tales of the Unexpected* yn gyfres deledu boblogaidd iawn yn y 1980au. Dechreuodd e ysgrifennu storïau i blant ar ôl cael plant ei hun.

Roedd llawer o bethau trasig ym mywyd Dahl. Buodd ei dad a'i chwaer e farw pan oedd e'n dair oed a buodd un o'i ferched e farw. Cafodd ei fab e ddamwain ddrwg iawn ac aeth ei wraig gynta'n sâl iawn.

Roedd e'n aelod o'r Llu Awyr Brenhinol yn yr Ail Ryfel Byd.

Mae 'Mam-gu' yn *The Witches* yn seiliedig ar ei fam e. Dyna ei deyrnged e iddi hi.

Yn 2000, cafodd e'r teitl 'Hoff Awdur Prydain'.

Doedd e ddim yn hapus yn yr ysgol – ond roedd e'n

hoffi mynd i'r siop losin. Dyna sut cafodd e ei ysbrydoli i ysgrifennu *Charlie and the Chocolate Factory*. Mae'r llyfr wedi cael ei ffilmio ddwywaith.

Roedd gan Dahl bethau eraill i'w ysbrydoli e i ysgrifennu – asgwrn clun arthritig a phêl o bapurau siocled. Maen nhw ar ei ddesg ysgrifennu e mewn amgueddfa yn Swydd Buckingham. Mae Plas Roald Dahl y tu allan i Ganolfan Mileniwm Cymru ym Mae Caerdydd a'i fedd yn Radyr, Caerdydd.

Enillodd e gwpanau am bêl-droed a rygbi. Roedd e'n cefnogi tîm pêl-droed Caerdydd.

Mae llyfrau Roald Dahl ar gael yn Gymraeg gan gynnwys *The BFG* – *Yr CMM* (y Cawr Mawr Mwyn).

Geiriau

enwoca – *most famous*
bedyddio – *to christen*
buodd e farw – *he died*
oedolyn, oedolion – *adult,s*
parchus – *respectable*
tro yn y gynffon – *twist in the tail/tale*
cyfres – *series*
bywyd – *life*
Llu Awyr Brenhinol – *Royal Air Force*
seiliedig – *based (on)*
teyrnged – *tribute*
losin (de) = da-da, fferins (gog) – *sweets*
ysbrydoli – *to inspire*
asgwrn – *bone*
clun arthritig – *arthritic hip*
bedd – *grave*
cefnogi – *to support*

Gŵyl yr afalau

Mae gŵyl afalau ym mhlasty Erddig bob blwyddyn.

Mae'r afalau'n cael eu casglu o erddi hyfryd Erddig, ger Wrecsam. Mae'r garddwyr yn casglu miloedd o afalau. Mae 180 o wahanol fathau o afalau i gyd.

Mae llawer o bethau i'w gwneud yn yr ŵyl. 'Dach chi'n gallu blasu a gweld afalau prin ac anarferol, er enghraifft afalau efo enwau egsotig fel Nonpareil a Fenouillet Rouge. Mae llawer o bethau eraill i'w gweld e.e. gwneud seidr o afalau lleol, towcio afalau a mwynhau cerddoriaeth fyw.

Cafodd afalau eu casglu am y tro cynta gan y Rhufeiniaid dros 2,000 o flynyddoedd yn ôl. Yr afal hyna ydy y Decio – o'r flwyddyn 450 O.C. Yr afal mwya hynod ydy afal pen cath – afal sy'n edrych fel pen cath, sef *catshead apple*!

Oes gynnoch chi afalau hynod yn tyfu yn yr ardd? 'Dach chi'n gallu mynd â nhw i Erddig i ddangos i'r arbenigwyr.

Mae'r afal yn enwog yn llên Cymru hefyd. Mae cerddi cynnar iawn o'r enw 'Yr Afallennau', lle mae Myrddin, y dewin, yn siarad â'r coed afalau. Coeden afalau ydy afallen.

Roedd Meddygon Myddfai yn defnyddio afalau hefyd. Roedden nhw'n deulu o Sir Gaerfyrddin ac roedden nhw'n dda am wella pobl efo meddyginiaethau naturiol. Roedden nhw'n defnyddio planhigion i wella pobl sâl.

Pa fath o afalau 'dach chi'n hoffi? Golden Delicious? Granny Smith? Bramley? Mae 6,000 o wahanol afalau yn tyfu ym Mhrydain. Bobl bach! Mae afalau arbennig yng Nghymru – afal Enlli, er enghraifft.

Geiriau

plasty – *mansion*
casglu – *to collect*
hyfryd – *delightful*
gwahanol – *different*
prin – *rare*
anarferol – *unusual*
er enghraifft (e.e.) – *for example (e.g.)*
towcio – *to dunk*
Rhufeiniaid – *Romans*
hyna – *oldest*
hynod – *remarkable*
arbenigwr, arbenigwyr – *expert,s*
llên – *literature*
cerddi cynnar – *early poems*
dewin – *magician*
Sir Gaerfyrddin – *Carmarthenshire*
meddyginiaeth,au – *medicine,s*
planhigyn, planhigion – *plant,s*
Enlli – *Bardsey*

Wyddoch chi?

Roedd pobl yn towcio afalau amser Calan Gaeaf. Mae pobl yn towcio afalau heddiw hefyd. Sut mae towcio afalau? Rhaid rhoi'r afalau mewn powlen fawr o ddŵr. Yna, rhaid i bawb geisio cael afal o'r bowlen gyda'u dannedd.

Geiriau

Calan Gaeaf – *Hallowe'en*
powlen – *bowl*
dannedd – *teeth*

Rysáit – wyau bara lawr

Cynhwysion:

6 wy organig ffres
50ml o laeth
Pupur a halen
100g o fara lawr
25g o fenyn Cymru

Hanner llwy de o saws tabasco
Sifys ffres wedi eu torri
4 tafell o dost bara gwenith cyflawn

Dull:

1. Curwch yr wyau'n ysgafn. Ychwanegwch y llaeth a'r pupur a'r halen.
2. Rhowch y menyn mewn sosban ac ychwanegwch yr wyau cyn i'r menyn droi'n frown.
3. Trowch yr wyau gyda llwy bren ar wres canolig. Pan maen nhw'n dechrau tewhau, ychwanegwch y bara lawr. Cymysgwch nes bod y gymysgedd yn dechrau setio.
4. Tynnwch y sosban oddi ar y gwres. Ychwanegwch y Tabasco a'r sifys a chymysgwch yn dda.
5. Rhowch yr wyau ar dost poeth gyda menyn.

Geiriau

bara lawr – *laver bread*
cynhwysyn, cynhwysion – *ingredient,s*
sifys – *chives*
gwenith cyflawn – *wholemeal*
curo – *to beat*
yn ysgafn – *lightly*
ychwanegu – *to add*
canolig – *medium*
tewhau – *to thicken*
cymysgu – *to mix*
cymysgedd – *mixture*

Chwilair

Mae David yn mynd i'r archfarchnad. Dyma rai geiriau sy angen arno fe...

1. Siopa	2. Troli	3. Bag	4. Rhestr
5. Bwyd	6. Eil	7. Silff	8. Prysur
9. Rhewgell	10. Arbed	11. Talu	12. Ciw

P	R	Y	T	C	Rh	E	S	T	R
Ll	L	A	E	I	L	H	P	R	A
T	I	B	B	W	Y	D	R	C	S
R	Ff	G	A	O	T	T	Y	C	U
O	S	T	D	G	A	W	S	Ll	F
L	Rh	I	S	I	L	Ff	U	F	A
I	B	Dd	O	Ff	U	A	R	B	R
Rh	E	S	T	P	Th	W	M	R	B
W	G	F	Y	D	A	N	B	I	E
S	Rh	E	W	G	E	Ll	N	Ch	D

Geiriau

chwilair — *word search*
rhestr — *list*
eil — *aisle*
arbed — *to save*

15

Y dêt

Dw i'n nerfus achos heno ydy'r Noson Fawr. Noson y dêt.
Dw i wedi bod ar y cyfrifiadur efo hi lawer iawn o weithiau
erbyn hyn. Mae hi'n dweud fod fy Nghymraeg i yn dda iawn.

Eleri.

Dyna ydy ei henw hi.

Eleri Lloyd.

Mae hi'n gwybod lot o bethau amdana i. Mae hi'n
gwybod mod i'n gweithio mewn swyddfa. Mae hi'n gwybod
mod i'n dri deg pedwar. Ac mae hi'n gwybod mod i'n
cefnogi tîm pêl-droed Caerdydd.

Dw i'n gwybod llawer o bethau amdani hi hefyd. Dw i'n
gwybod ei bod hi'n gweithio mewn ysbyty. Mae hi'n dri deg
oed ac yn hynod o ddeniadol!

Ond dydy hi erioed wedi gweld llun ohona i.

A dw *i* ddim wedi gweld llun ohoni hi.

Llun: S4C

Ond heno 'dan ni'n mynd am bryd o fwyd yn y dafarn. A dw i'n edrych ymlaen.

Chwarter wedi wyth. Chwarter awr i fynd. Mae gen i ddigon o amser. Digon o amser am ddiod bach cyn bwyd. Diod i dawelu'r nerfau. Dw i'n sythu fy nhei a cherdded i mewn i'r dafarn…

… ac yn syth i mewn i'r gweinydd!

"Y ffŵl!" meddaf i, gan sylwi fod dau beint o gwrw wedi tollti i lawr fy siwt orau i!

"Sori syr," meddai'r gweinydd, gan drio sychu'r cwrw o siaced fy siwt orau i.

"Gadewch i mi helpu," meddai'r hen ddynes tu ôl i'r bar, gan estyn tywel.

"Be wna i rŵan?" meddaf i. "Edrychwch ar fy nillad i!"

"Peidiwch â phoeni," meddai'r hen ddynes, "dydy cwrw ddim mor ddrwg â gwin coch."

"Na," meddaf i, "ella ddim."

"'Dach chi'n hwyr?" gofynnodd yr hen ddynes.

"Sori?"

"'Dach chi'n edrych ar y cloc tu ôl i'r bar."

"Na," meddaf i, "os rhywbeth, dw i'n gynnar. Dw i wedi archebu bwrdd i ddau yn y bwyty am hanner awr wedi wyth."

"O," meddai'r hen ddynes, â'i cholur yn drwchus dros ei hwyneb hen. "Fi hefyd."

Yn sydyn mae'r gweinydd yn dod yn ôl.

"Eleri?" meddai o. "Mae dy fwrdd di'n barod."

"Eleri?" meddaf i, yn llawn syndod.

"Ia," meddai'r hen ddynes, "Eleri Lloyd. Falch o'ch cyfarfod chi."

"Wyt ti isio mynd i eistedd, Eleri?" meddai'r gweinydd.

"Na," meddai'r hen ddynes, "well i mi aros. Mi fydd fy nêt i yma cyn bo hir. Ydy eich ffrind chi wedi cyrraedd?" gofynnodd Eleri Lloyd i mi.

"Ffrind?"

"I gael swper yn y bwyty?"

"Na," meddaf i yn nerfus, gan gochi. Dw i'n edrych ar y cloc tu ôl i'r bar a throi i fynd. "'Dach chi'n gwybod be? Dw i ddim yn meddwl bydd hi'n cyrraedd – byth."

Tu allan mae 'na dacsi. Dw i'n dringo i mewn gan addo un peth i mi fy hun: y peth cynta dw i am ei wneud ar ôl cyrraedd adre ydy taflu'r cyfrifiadur i'r bin!

A cholli pwysau, wrth gwrs.

A chael gwaith.

A stopio dweud celwydd.

Euron Griffith

Geiriau
llawer iawn o weithiau – *many times*
ar y llaw arall – *on the other hand*
deniadol – *attractive*
tawelu'r nerfau – *to settle the nerves*
sythu – *to straighten*
gweinydd – *waiter*
meddaf i – *I say*
tollti (gog) = arllwys (de) – *to spill*
dynes (gog) = menyw (de) – *woman*
ella (gog) = falle, efallai (de) – *maybe*
archebu – *to order*
colur – *make-up*
trwchus – *thick*
syndod – *surprise*
cochi – *to blush*
addo – *to promise*
taflu – *to throw*
colli pwysau – *to lose weight*
dweud celwydd – *to lie*

Mynd ar y dêt cynta – tips Dr Mair Edwards

Beth i'w wneud…
- Cyffwrdd croen ar groen – mae'n gwneud i berson eich hoffi chi; rhoi sws ar y foch neu ysgwyd llaw
- Gwenu a gwrando ar y person arall

Beth i beidio â gwneud…
- Yfed llawer o alcohol
- Dynion – edrych ar fronnau; Merched – edrych i ffwrdd
- Siarad am hen gariadon a chyffwrdd gormod

"Dewiswch rywle i gael sgwrs – ond rhywle lle mae pethau eraill yn digwydd rhag ofn bod sgwrsio'n anodd," meddai Dr Mair Edwards. "Tafarn fywiog heb gerddoriaeth."

Geiriau
cyffwrdd – *to touch*
ysgwyd llaw = siglo llaw – *to shake hands*
gwenu – *to smile*
bron, bronnau – *breast,s*
sgwrsio – *to chat*
bywiog – *lively*

Pa fwyd sy'n rhamantus?
Siocled, mefus, stêc, cimwch
Pa fwydydd sy ddim yn rhamantus?
Garlleg a nionod a sbageti (mae'n anodd ei fwyta'n daclus!)

Geiriau
rhamantus – *romantic*
cimwch – *lobster*
garlleg – *garlic*
nionod (gog) = winwns (de) – *onions*

Garddio

Mae Sam yn hoffi garddio. Mae'n tyfu blodau a llysiau ac mae
ei ardd yn daclus iawn. Mae'r lawnt fel carped gwyrdd. Does
dim chwyn yn yr ardd – dim un! Dim un dant y llew hyd yn
oed. Mae Sam yn casáu chwyn. Mae'n lladd pob chwyn yn
syth, hyd yn oed y chwyn hardd. Mae e'n credu mai chwyn
yw'r pabi Cymreig!

Ond heddiw, mae rhywbeth rhyfedd yn tyfu wrth y
domen gompost; planhigyn od gyda blodyn coch. Does dim
llun ohono yn y llyfrau garddio. Beth yw e? Mae'n rhaid mai
chwyn yw e. Felly mae'n rhaid ei ladd.

Mae Sam yn ceisio codi'r planhigyn allan o'r pridd, ond
mae'n gwrthod symud. A nawr, mae llaw Sam yn goglais;
mae ei law yn goch i gyd. Mae'n gwisgo menyg ac yn nôl
fforch o'r sied. Ond mae'r blodyn coch yn poeri rhywbeth i
wyneb Sam. Mae llygaid Sam yn llosgi ac yn goch i gyd. Mae
ganddo ben tost. Nawr mae Sam yn grac! Mae'n rhaid dangos
pwy yw'r bos!

Mae potel o chwyn laddwr yn y sied. Mae pen Sam yn
troi. Mae'n rhoi'r chwyn laddwr ar y planhigyn. "Ha! Byddi
di'n marw nawr, mêt!" Ond mae'r planhigyn yn grac, yn
grac iawn. Mae llygaid Sam yn cau, mae'r pen tost fel drwm.
Mae'n eistedd ar y lawnt wrth ymyl y planhigyn, a'i ben yn
troi a throi a throi. Mae'n teimlo'n sâl.

Mae'r planhigyn yn symud, yn cyffwrdd llaw Sam. Mae'n
dringo i fyny braich Sam, yn gyflym. Mae deilen arall yn
dringo i fyny ei goes, yn troi a throi am ei goes, ac yn gwasgu.
Dyw Sam ddim yn gallu symud, mae'n teimlo'n sâl iawn.
Mae'r planhigyn yn symud mor gyflym, yn dringo i fyny'r
ddwy goes, y ddwy fraich, ei gefn, ei wddf, ei ben. Mae'r
planhigyn yn gwasgu. Dyw Sam ddim yn gallu anadlu, a
dyw e ddim yn gallu sgrechian. Dyw e ddim yn gallu symud.

Mae'n cael ei dynnu i mewn i'r pridd, yn araf, araf. Mae corff Sam yn diflannu o dan y pridd, dim ond ei ben sydd i'w weld. Mae'r blodyn yn edrych arno, yn gwrando.

Mae Sam yn deall, ac yn sibrwd: "Mae'n ddrwg gen i..."

Nawr, ar ôl wythnos, dydy Sam ddim yn lladd chwyn. Wel, nid pob un. Ac mae'r planhigyn rhyfedd wedi diflannu – wedi symud ymlaen. Efallai i'ch gardd chi...?

Bethan Gwanas

Geiriau
lawnt – *lawn*
chwyn – *weeds*
dant y llew – *dandelion*
casáu – *to hate*
lladd – *to kill*
pabi – *poppy*
rhyfedd – *strange*
tomen – *heap*
pridd – *soil*
gwrthod – *to refuse*
goglais (de) = cosi (gog) – *tickle*
menyg – *gloves*
fforch – *fork*
poeri – *to spit*
pen tost (de) = cur pen (gog) – *headache*
crac (de) = blin (gog) – *angry*
deilen – *leaf*
gwasgu – *to squeeze*
gwddf (de) = gwddw (gog) – *neck*
anadlu – *to breathe*
sgrechian – *to scream*
diflannu – *to disappear*
sibrwd – *to whisper*

Gwesty Cymru

Roedd Huw a Beth Roberts yn gweithio i'r BBC. Yna, un noson, wrth yfed gwydraid o win, penderfynon nhw agor gwesty. Ar ôl dwy flynedd a hanner o baratoi, agoron nhw Gwesty Cymru ar y prom yn Aberystwyth, yn  edrych allan dros Fae Ceredigion. Felly pam Gwesty Cymru?

"'Dyn ni'n defnyddio cynnyrch Cymreig a'r iaith Gymraeg. Mae'r llechi ar y llawr yn dod o Flaenau Ffestiniog, ac mae saer o bentref Trefor, Gwynedd, wedi gwneud y dodrefn," meddai Huw Roberts sy'n dod o Aberystwyth yn wreiddiol. Roedd e'n byw yng Nghaerdydd am 17 o flynyddoedd yn gweithio i Radio Cymru.

"Mae'r bwyd ar y fwydlen yn lleol neu mae'n dod o Gymru ac mae'r gwasanaeth yn Gymraeg. Hyd yn oed os nad ydy'r staff yn siarad Cymraeg yn rhugl, maen nhw'n deall bod rhaid trio siarad dipyn bach o Gymraeg. 'Dyn ni eisiau i bobl wybod eu bod nhw yng Nghymru."

Mae thema lliw yn yr ystafelloedd ac mae'r lliwiau mewn lluniau gan Bethan Clwyd, artist o Aberystwyth yn wreiddiol.

 Mae dau fardd, Tudur Dylan Jones a Mererid Hopwood, wedi ysgrifennu englynion yn arbennig ar gyfer y gwesty. Maen nhw ar y wal yn y gwesty.

Geiriau
Bae Ceredigion – *Cardigan Bay*
cynnyrch – *produce*
llechen, llechi – *slate,s*
saer – *carpenter*

Dyma englyn Tudur Dylan Jones i'r gwesty:

I'r bae ar dy daith drwy'r byd – os y doi
    aros di am ennyd:
    galw i brofi golud
    gwesty sy'n Gymru i gyd.

Beth ydy englyn?

Pennill ydy englyn. Mae'n cynnwys pedair llinell fel arfer.
    Mae odl ym mhob llinell. Mae llythrennau ac odlau yn
creu patrwm arbennig. Dyma beth ydy cynghanedd. Mae
beirdd yn defnyddio englynion i gyfarch, i ddathlu ac i gofio.

Geiriau
os y doi – *if you come*
am ennyd – *for a while*
profi – *to taste, to experience*
golud – *riches, luxury*
pennill – *verse*
llinell – *line*
odl,au – *rhyme,s*
llythyren, llythrennau – *letter,s*
patrwm – *pattern*
cyfarch – *to greet*

Lowri ar ras

Cafodd Lowri Morgan ei magu ar adrenalin.

Mae hi'n dod o Dre-gŵyr ger Abertawe yn wreiddiol.
Mae ganddi hi ddiddordebau cyffrous – sgïo oddi ar y piste,
eirafyrddio, sgwba-deifio a llawer mwy.

Mae hi wedi deifio i ddyfnderoedd y môr. Mae hi wedi
deifio i ddyfnderoedd y môr i weld llong y *Titanic*. Dim ond
80 o bobl sy wedi gwneud hynny erioed.

Beth arall mae hi wedi ei wneud? Roedd hi'n un o
'Dream Team' Rygbi Menywod y Byd yn 1996 ac mae hi
wedi rhedeg 6 marathon yn Llundain ac Efrog Newydd. Ei
hamser cyflyma hi yw 3 awr ac 8 munud. Mae hi wedi trio
cystadleuaeth ffitrwydd Ironman hefyd.

Mae hi'n hoffi sialens. Mae hi wedi cystadlu mewn ras
222km ar draws jyngl yr Amazon. Roedd hi'n rasio am 7
diwrnod – yn hunangynhaliol. Roedd 120 o bobl yn rhedeg y
ras, ond dim ond 55 oedd wedi gorffen. Daeth Lowri'n 10fed
a hi oedd y drydedd ferch. Roedd
ei hanes hi yn y ras ar y gyfres
deledu ar S4C, *Ras yn Erbyn
Amser.*

Oedd Lowri'n barod i
orffwys 'te? Na, yn 2011
roedd hi eisiau ei sialens
fwya erioed! Aeth hi
i'r Arctig i redeg ras.
Roedd hi'n rhedeg
ras y 6633. Rhedodd
hi 350 o filltiroedd
mewn 8 diwrnod
– a hynny mewn
tywydd gaeafol.

Llun: S4C

Roedd yn rhaid iddi hi fyw yn hunangynhaliol a thynnu sled o offer a bwyd. Roedd hi wedi gorffen y ras mewn 174 awr ac 8 munud – ac enillodd Lowri y ras.

Mae Lowri wedi cyflwyno rhaglen am Ras yr Wyddfa. Dyma un o'r rasys mwya anodd yng Nghymru...
Mae Ras yr Wyddfa yn ras anodd. Mae rhedwyr yn mynd o ymyl Llyn Padarn i ben yr Wyddfa ac yn ôl i lawr – 10 milltir i gyd. Roedd y ras gynta ar 19 Gorffennaf 1976. Roedd 86 o redwyr. Enillodd Dave Francis o Fryste.

Roedd y ras ar y teledu am y tro cynta yn 1987. Roedd niwl a glaw mawr. Doedd hi ddim yn bosib gweld dim ar ôl hanner ffordd i fyny!

Mae Lowri'n cyflwyno Ras yr Wyddfa ar y teledu. Mae hi'n deall y ras achos mae hi wedi rhedeg ar y mynydd.

"Roeddwn i'n arfer byw wrth droed yr Wyddfa," meddai Lowri. "Mae rhedeg ar fynydd yn wahanol iawn i redeg ar y ffordd. Roeddwn i'n mwynhau rhedeg ar y mynydd. Roeddwn i'n hoffi gweld yr haul yn machlud a byd natur ar y mynydd."

Nawr, mae Lowri'n byw ym Mhenrhyn Gŵyr ac mae hi'n rhedeg yno. "Nawr, dw i'n rhedeg o gwmpas y clogwyni ym Mhenrhyn Gŵyr yn lle rhedeg i fyny mynyddoedd!"

Ras yr Wyddfa – Y record

Record y dynion:
Kenny Stuart o Keswick – 1 awr, 2 funud a 29 eiliad (1985)

Record y merched:
Carol Greenwood – 1 awr, 12 munud a 48 eiliad (1993)

Geiriau

eirafyrddio – *snowboarding*
sgwba-deifio – *scuba diving*
dyfnder,oedd – *depth,s*
Efrog Newydd – *New York*
cystadleuaeth – *competition*
hunangynhaliol – *self-sufficient*
gorffwys – *to rest*
gaeafol – *wintry*
sled – *sledge*
cyflwyno – *to present*
Yr Wyddfa – *Snowdon*
mwya anodd – *most difficult*
roeddwn i'n arfer – *I used to*
wrth droed yr Wyddfa – *at the foot of Snowdon*
machlud – *sunrise*
clogwyn,i – *cliff,s*

Yn y dosbarth Cymraeg... gyda Tina Charles

Beth ydy eich gwaith chi?
Dw i'n diwtor Cymraeg i Oedolion.

Pam oeddech chi eisiau bod yn diwtor?
Wel, a bod yn onest – doeddwn i ddim! Ond dros 20 mlynedd yn ôl daeth y cyfle i weithio fel tiwtor. Mwynheais i'r profiad a dw i'n diwtor o hyd.

'Dych chi wedi dysgu Cymraeg eich hun – ydy hynny'n help?
Ydy, achos dw i'n deall profiadau'r dysgwyr.

Beth sy'n gwneud tiwtor da?
Mae hoffi pobl yn help – a bod yn barod i ddysgu eich hun. Mae gwrando'n bwysig iawn, a gwneud yn siŵr bod dysgwyr yn ymlacio a chael hwyl wrth siarad Cymraeg.

Oes rhaid cadw disgyblaeth weithiau?!
Oes. Weithiau mae un person eisiau'r sylw i gyd. Mae'n rhaid cadw pobl rhag siarad Saesneg yn y dosbarth.

Mae gwersi'n bwysig, wrth gwrs, ond beth arall sy'n help i ddysgwyr?
Mynd i ddigwyddiadau cymdeithasol. Mae lot o ddigwyddiadau ym mhob ardal.

Beth ydy'ch cyngor chi i ddysgwyr?
Mwynhewch!

Geiriau
profiad,au — *experience,s*
disgyblaeth — *discipline*
sylw — *attention*
digwyddiad,au — *event,s*
cymdeithasol — *social*
ardal — *area*

Pwy ydy Tina Charles?

- Mae hi'n dod o'r Barri yn wreiddiol. Mae hi wedi byw yng Nghaerffili, yng Nghaergybi ac yn Wrecsam a nawr mae hi'n byw yng Nghaerfyrddin gydag Alun ei gŵr. Mae dau o blant gyda nhw — mab o'r enw Rhodri a merch o'r enw Catrin.

- Mae Tina yn hoffi pobl a geiriau — felly mae hi'n hoffi dysgu Cymraeg. Mae hi'n gwneud llawer yn y capel, yn arbennig yr ysgol Sul.

Geiriau
yn arbennig — *especially*

Yn y dosbarth Cymraeg... gyda Tina Charles

Beth ydy eich gwaith chi?
Dw i'n diwtor Cymraeg i Oedolion.

Pam oeddech chi eisiau bod yn diwtor?
Wel, a bod yn onest – doeddwn i ddim! Ond dros 20 mlynedd yn ôl daeth y cyfle i weithio fel tiwtor. Mwynheais i'r profiad a dw i'n diwtor o hyd.

'Dych chi wedi dysgu Cymraeg eich hun – ydy hynny'n help?
Ydy, achos dw i'n deall profiadau'r dysgwyr.

Beth sy'n gwneud tiwtor da?
Mae hoffi pobl yn help – a bod yn barod i ddysgu eich hun. Mae gwrando'n bwysig iawn, a gwneud yn siŵr bod dysgwyr yn ymlacio a chael hwyl wrth siarad Cymraeg.

Oes rhaid cadw disgyblaeth weithiau?!
Oes. Weithiau mae un person eisiau'r sylw i gyd. Mae'n rhaid cadw pobl rhag siarad Saesneg yn y dosbarth.

Mae gwersi'n bwysig, wrth gwrs, ond beth arall sy'n help i ddysgwyr?
Mynd i ddigwyddiadau cymdeithasol. Mae lot o ddigwyddiadau ym mhob ardal.

Beth ydy'ch cyngor chi i ddysgwyr?
Mwynhewch!

Pwy ydy Tina Charles?

- Mae hi'n dod o'r Barri yn wreiddiol. Mae hi wedi byw yng Nghaerffili, yng Nghaergybi ac yn Wrecsam a nawr mae hi'n byw yng Nghaerfyrddin gydag Alun ei gŵr. Mae dau o blant gyda nhw — mab o'r enw Rhodri a merch o'r enw Catrin.

- Mae Tina yn hoffi pobl a geiriau — felly mae hi'n hoffi dysgu Cymraeg. Mae hi'n gwneud llawer yn y capel, yn arbennig yr ysgol Sul.

Tywydd mawr

"Glaw trwm a mellt a tharanau," meddai dyn y tywydd ar y teledu.

Yna, daeth Gwen i mewn i'r parlwr yn edrych yn flin iawn, iawn. Roedd ei hwyneb hi'n goch, a'i dyrnau wedi cau.

"Ble mae fy nghot i?" chwyrnodd Gwen.

Codais i fynd i chwilio am got Gwen.

"Ble wyt ti wedi rhoi dy got?" gofynnais.

"Sut dw i fod i wybod?" chwyrnodd Gwen.

Roedd ei llygaid hi'n fflachio, ac roedd ei dannedd hi'n crensian. Roedd hi'n chwifio'i breichiau.

Daeth Gwion i mewn i'r parlwr.

"Ble mae fy mhêl i?" gofynnodd Gwion.

"Ble chwaraeaist ti gyda hi ddiwetha?" gofynnais iddo.

Petrusodd Gwion: doedd e ddim yn cofio.

Llun: Teresa Jenellen

"Wyt ti wedi dwyn fy nghot i?" gofynnodd Gwen i'w brawd yn fygythiol iawn.

Mae Gwen yn bump oed.

"Pam baswn i eisiau dwyn dy got di?" meddai Gwion wrth ei chwaer fach. Mae Gwion yn saith ac mae cot Gwen yn llawer rhy fach iddo.

Neidiodd Gwen at Gwion a dechrau ei ysgwyd. Sgrechiodd Gwion. Dechreuodd Gwen dynnu ei wallt e. Roedd hi'n poeri tân.

"Mam!" gwaeddodd Gwion, wedi cael ofn.

"Ble wyt ti wedi rhoi fy nghot i?"gwaeddodd Gwen, nerth ei phen.

Daeth Rhys i mewn i'r ystafell.

"Ble mae fy nghrys i?" gofynnodd.

"Yn y fasged olchi, efallai," atebais.

"Pam fasai fy nghrys i yn y fasged olchi?" gofynnodd Rhys wedyn.

"Aros i gael ei olchi?" awgrymais i.

Mae Rhys yn dri deg wyth oed.

Ces i syniad.

"Beth am i ni fynd i'r ffair fory?" awgrymais i. "'Dyn ni'n gallu mynd ar y ceffylau bach, ac ar y castell bownsio, ac ennill pysgodyn aur, efallai."

"Hm," meddai Gwen, gan dawelu tipyn bach. "Gawn ni hufen iâ hefyd?"

"Cewch, wrth gwrs." Gwenais ar fy nheulu.

Gwenodd Gwen hefyd, yn llydan, llydan.

"Nawr," dwedais i, "beth am i fi fynd i chwilio am dy got di, Gwen, a dy bêl di, Gwion, a dy grys di, Rhys?"

"Pa got?" gofynnodd Gwen gan eistedd ar y soffa a meddwl am yfory.

"Pa bêl droed?" gofynnodd Gwion, gan feddwl am y pysgodyn aur.

"Pa grys?" mwmiodd Rhys gan droi'r sianel ar y teledu i wylio'r pêl-droed.

Cyn y rhaglen bêl-droed, dwedodd dyn tywydd arall: "Fory, bydd hi'n ddiwrnod braf."

Lleucu Roberts

Geiriau
mellten, mellt – *lightning*
taran,au – *thunder*
parlwr – *lounge*
dwrn, dyrnau – *fist,s*
chwyrnu – *to roar*
fflachio – *to flash*
crensian – *to grind*
chwifio – *to wave*
petruso – *to hesitate*
bygythiol – *threatening*
gweiddi (>gwaeddodd) – *to shout*
nerth ei phen – *as loud as she could*
awgrymu – *to suggest*
castell bownsio – *bouncy castle*
pysgodyn aur – *goldfish*
llydan – *wide*

Y dewin dŵr – a gwin

Dewin dŵr ydy Beti Davies. Rhwng mis Ebrill a mis Hydref mae hi'n mynd i chwilio am ddŵr. Mae hi'n defnyddio ffon i weld oes dŵr o dan y ddaear.

Mae hi'n byw yn Llanbedr Pont Steffan. Roedd hi'n byw ar fferm y Castell a 'Beti Castell' ydy ei henw arall hi.

Dechreuodd hi wneud gwin cartre ar ôl priodi yn 1959. Mae hi'n gwneud gwin ffrwythau a llysiau e.e. mwyar duon, tatws, moron a bananas ac mae hi wedi ennill llawer o wobrau am wneud gwin cartre.

Mae hi'n cadw gwely a brecwast ac mae'r ymwelwyr yn cael gwin cartre gyda'u cinio nos.

"Rhaid i win cartre fod yn glir ac mae blas da yn bwysig," meddai Beti Davies. "Dw i ddim yn defnyddio cemegau yn y gwin. Mae'n bwysig cadw popeth yn lân.

"Os 'dych chi'n defnyddio riwbob neu gyrens coch neu gyrens duon 'dych chi eisiau cael blas y ffrwythau. Mae gwin rhad o'r siop i gyd yn blasu'r un peth. Dyna'r gwahaniaeth rhwng gwin siop a gwin cartre.

"Fy ffefryn i ydy gwin draenen wen ond dw i'n hoffi gwin cyrens coch hefyd. Mae gwin draenen wen yn dda i glefyd y galon. Mae blodau'r ysgaw yn dda at annwyd ac aeron ysgaw yn dda at y frest a'r gwddf. Maen nhw'n dweud ei bod hi'n bosib gwella popeth gyda gwin – popeth ond diogi! Does neb wedi marw eto!"

Geiriau

dewin dŵr – *water diviner*
y ddaear – *the earth*
mwyar duon – *blackberries*
gwobr,au – *prize,s*
cemegyn, cemegau – *chemical,s*
gwahaniaeth – *difference*
draenen wen – *hawthorn*
clefyd y galon – *heart disease*
blodau'r ysgaw – *elderflower*
aeron ysgaw – *elderberries*
diogi – *laziness*

Fy nghymydog

Mae gen i gymydog rhyfedd iawn. Does dim llawer o amser
ers iddo ddod i fyw drws nesa. Symudodd e yno ddwy
flynedd yn ôl, ar ôl i Mr a Mrs Thomas fynd i fyw i Awstralia
at eu mab. Pentre bach yw Doligan ac mae pawb yn nabod
ei gilydd. Ond dyw fy nghymydog i ddim eisiau dod i nabod
neb. Pan fydda i yn gweiddi "Bore da!" dros wal yr ardd,
bydd e'n codi ei law ac yn rhedeg i'r tŷ gan gau'r drws yn
glep! Dim ond trio bod yn gyfeillgar ydw i .

A dweud y gwir, fe ddylai fe fynd ar ddeiet. Mae e'n
rhy dew a dyw e ddim wedi torri ei wallt nac wedi siafo ers
amser. Does dim gwraig gyda fe, os nad yw hi'n cuddio yn y
tŷ. A does neb yn galw yno ond y postman. Ond mae'n rhaid
bod llawer o ffrindiau gyda fe yn byw bant achos mae e'n cael
cannoedd o lythyron!

Llun: Teresa Jenellen

Dw i'n meddwl bod 'villa' gyda fe yn Sbaen neu rywle achos dim ond yn y gwanwyn a'r haf mae e'n byw yn Noligan. Mae e'n diflannu yn yr hydref ac mae chwyn yn tyfu dros ei ardd i gyd. Mae hadau dant y llew yn chwythu i mewn i'n gardd fach ni ac yn sbwylo fy morder blodau. Ond beth alla i wneud?

Dyw e ddim yn tyfu blodau. Dim ond rhychau a rhychau o foron sydd yn ei ardd. Mae'n od ei fod e'n dew. Mae e'n byw ar foron! Yr unig beth arall sy yn ei ardd yw corachod. Dw i'n meddwl eu bod nhw'n salw ond mae'n amlwg ei fod e'n hoff iawn ohonyn nhw achos maen nhw yn yr ardd ffrynt ac yn yr ardd gefn ym mhobman. Mae hen wên ddwl ar eu hwynebau ac mae eu llygaid yn fy nilyn i bob man! "Ti sy'n meddwl 'ny," meddai Deio fy ngŵr, ond dw i'n siŵr fy mod i'n iawn. Dw i ddim yn meddwl bod y dyn drws nesa yn ymddiried ynddon ni, achos pan mae e'n mynd bant yn yr hydref, mae'r corachod yn diflannu!

Ond, chwarae teg iddo fe, mae e'n gymydog tawel iawn. 'Dyn ni byth yn clywed sŵn y teledu na cherddoriaeth swnllyd yn dod o'r tŷ. A dweud y gwir, mae e'n treulio y rhan fwya o'i amser yn y sied fawr ar waelod yr ardd. Ymddangosodd honno dros nos! Un funud dim ond patio oedd yno, a'r funud nesa daeth y sied anferth yma o rywle. 'Self assembly' siŵr o fod meddai Deio. 'Dyn ni'n clywed sŵn ffisto yn dod o'r sied bob dydd. Ond beth mae e'n wneud yno, pwy a ŵyr.

Mae Deio yn hoff iawn o waith saer. Trueni na allai'r ddau gael sgwrs a rhannu eu profiadau, ond mae'r dyn drws nesa'n rhy swil.

Dyw Deio ddim yn gallu cysgu'n dda iawn, yn enwedig ar ôl bwyta caws i swper. A dweud y gwir, fe wnaf i'n siŵr na fydd e'n bwyta caws i swper fyth eto. Pam? Achos neithiwr, pan oedd llosg cylla ofnadwy arno fe aeth e lawr llawr i nôl moddion tua dau o'r gloch y bore. Edrychodd e mas drwy'r ffenest ar dop y staer a 'dych chi'n gwybod beth welodd e? Wel, mae e'n dweud ei fod e wedi gweld ceirw yn bwyta moron ein cymydog yng ngolau'r lleuad! Ceirw wir! Cwningod oedden nhw siŵr o fod. Dw i wedi ffonio'r doctor a dw i'n mynd â Deio lawr i'r syrjeri nawr.

Margarette Hughes

Geiriau

cymydog – *neighbour*
cau yn glep – *to slam (shut)*
byw bant – *to live far away*
hedyn, hadau – *seed,s*
sbwylo – *to spoil*
rhych,au – *furrow,s*
corach,od – *gnome,s*
salw (de) = hyll (gog) – *ugly*
dwl – *silly*
ymddiried – *to trust*
ymddangos – *to appear*
anferth – *huge*
ffisto – *to hammer*
pwy a ŵyr – *who knows*
rhannu – *to share*
yn enwedig – *especially*
llosg cylla – *heartburn*
moddion (de) = ffisig (gog) – *medicine*
carw, ceirw – *deer*

Dathlu, dathlu, dathlu

'Dych chi'n dathlu'r Flwyddyn Newydd? Dyma sut mae rhai pobl yng Nghymru yn dathlu Dydd Calan...

Canu Calennig

ABFf: Pwy 'dych chi?

AS: Ann Saer. Dw i'n byw yng Nghaerdydd.

ABFf: 'Dych chi'n dathlu'r Flwyddyn Newydd?

AS: Ydw. Mae criw o ffrindiau a fi'n mynd o dŷ i dŷ yn casglu Calennig. 'Dyn ni'n canu penillion y Flwyddyn Newydd ac yn casglu arian i elusen.

ABFf: Ydy casglu Calennig yn beth newydd i chi?

AS: Newydd a hen. Dechreuon ni y llynedd, ond roedden ni'n arfer dathlu'r Flwyddyn Newydd yn y 1970au. Mae criw ifanc wedi dechrau'r arfer unwaith eto.

ABFf: Beth oedd yn digwydd?

AS: Roedden ni'n cael parti mawr yn ein tŷ ni bob Nos Galan. Roedd tua 80 o bobl yn dod – a'r Fari Lwyd wrth gwrs!

ABFf: Y Fari Lwyd?

AS: Roedd criw o bobl yn dod i'r tŷ. Roedd un o'r criw yn gwisgo pen ceffyl, blanced wen a rhubanau! Roedden nhw'n canu penillion tu allan i'r drws. Roedden ni'n canu penillion tu mewn. Roedd y Fari Lwyd yn dod i mewn i'r tŷ ac yna roedden ni'n cael parti.

ABFf: Tipyn o hwyl!

AS: Oedd, roedd e'n llawer o hwyl. Yna, yn y bore, roedd y plant yn mynd i dai cymdogion cyn 12 o'r gloch. Roedden nhw'n canu penillion ac yn casglu arian i elusen.

ABFf: Beth oedden nhw'n ei ganu?

AS: Penillion traddodiadol fel: "Blwyddyn Newydd Dda i chi, Ac i bawb sy yn y tŷ..."

Geiriau
Dydd Calan – *New Year's Day*
criw – *gang*
elusen – *charity*
blanced wen – *a white blanket*
rhuban,au – *ribbon,s*
traddodiadol – *traditional*

Ruth yn cofio'r Hen Galan

ABFf: Pwy 'dych chi?

RJ: Ruth Jên.

ABFf: Ble 'dych chi'n byw?

RJ: Dw i'n byw yn Nhal-y-bont, Ceredigion, a dw i'n gweithio fel artist.

ABFf: 'Dych chi'n dathlu'r Calan?

RJ: Ydw. Dw i'n dathlu'r Hen Galan ar 12 Ionawr.

ABFf: Sut?

RJ: Mae pobl y pentref yn mynd i Neuadd y Pentref. Yno, mae Jeremy Turner, yr actor, yn dweud hanes y Fari Lwyd. Mae e'n gwisgo het ddu ac mae e'n canu acordion. Mae bachgen lleol yn gwisgo fel y Fari Lwyd. Mae e'n gwisgo blanced wen, pen ceffyl, clychau a rhubanau. 'Dyn ni'n cerdded o gwmpas y pentref, yn canu penillion. Mae'r plant yn cael losin a 'dyn ni'n cael llawer o hwyl.

ABFf: 'Dych chi'n dathlu Nos Galan ar 31 Rhagfyr hefyd?

RJ: Ydw. Dw i'n dathlu gartref gyda'r teulu.

Geiriau

Calan – *New Year*
dweud hanes – *to tell the tale of*
lleol – *local*
cloch, clychau – *bell,s*

Yr Hen Galan

Yn 1752, newidiodd y calendr. Collon nhw 11 diwrnod o'r flwyddyn. Doedd rhai pobl ddim yn fodlon. Roedden nhw'n cadw at yr hen galendr. Dyna pam mae'r Hen Galan ar 12 Ionawr.

Mae rhai pobl yn dal i ddathlu'r Hen Galan ar 12 Ionawr – yn ardal Cwm Gwaun yn Sir Benfro, er enghraifft.

Geiriau

bodlon – *willing, happy*
cadw at – *to keep to*

Iolo Williams – dyn cerdded a dyn adar

Ces i fy magu ym mhentre Llanwddyn ger mynyddoedd y Berwyn. Os 'dach chi'n byw yno, rhaid i chi fynd i gerdded ar hyd y mynyddoedd gwyllt!

Rŵan, dw i'n byw ger y Drenewydd. Dw i'n mynd i gerdded ar hyd y mynyddoedd tua dwywaith bob mis. Ond dw i'n cerdded bob dydd efo fy nghŵn mwngrel, Ianto a Gwen.

Mae fy sach gerdded yn barod bob amser. Sach gefn 35 litr ydy hi. Fel arfer, dw i'n pacio digon o bethau rhag ofn y bydd argyfwng. Ond dw i ddim eisiau pacio gormod o bethau neu bydd y bag yn rhy drwm.

Dw i wedi defnyddio'r babell 'bothy' ddwywaith. Pabell argyfwng ydy'r babell 'bothy'. Un tro, roeddwn i'n cerdded ar y Carneddau a'r tro arall roeddwn i'n cerdded yn yr Alban. Dechreuodd hi fwrw eira'n drwm. Roedd rhaid cysg 'bothy' nes i'r eira stopio

Ces i ofn mawr un tro Roeddwn i'n cyfrif adar. Roeddwn i'n abseilio i lawr clogwyn i weld nyth aderyn. Gwelais i'r rhaff yn llithro heibio i fi! Roedd rhaid i mi ddringo'r graig. Penderfynais i 'Rhaid i mi ddysgu gwneud cwlwm gwell!'

Llun: S4C

Beth sy yn sach gerdded Iolo Williams?

- *Fleece* sbâr – yn y gaeaf
- Côt law a throwsus glaw
- Cwmpawd a map
- 'Bothy' pedwar dyn – pabell fach ar gyfer argyfwng
- Chwiban
- Fflachlamp a batris sbâr
- Ffôn symudol
- Bwyd 'ych-a-fi' – Kendal Mint Cake a bisgedi sych
- Het Polartec a dau bâr o fenyg – un pâr sy'n dal dŵr
- Balaclafa
- Blisteze
- Cit cymorth cynta
- Côt wynt ysgafn
- Fflasg, efo sudd oren yn yr haf a lobsgows yn y gaeaf.

Beth sy ddim ym mag Iolo Williams?

- Bwyd blasus fel brechdanau neu siocled. (Basai o'n bwyta'r bwyd yma yn syth!)

Geiriau

sach gerdded – *rucksack*
argyfwng – *emergency*
cysgodi – *to shelter*
nyth – *nest*
rhaff – *rope*
llithro – *to slip*
cwlwm – *knot*
gwell – *better*
cwmpawd – *compass*
chwiban – *whistle*
fflachlamp – *torch*
cymorth cynta – *first aid*
ysgafn – *light*
lobsgows (gog) = cawl (de) – *broth*

Dy dŷ di – fy nhŷ i

Edrychwch ar y cartrefi yma:
(i) Diwedd y Daith – byngalo
(ii) Rhif saith, Stryd y Rhiw – tŷ teras, pedair stafell wely
(iii) Y Sipsi Fach – carafán
(iv) Y Plas – plasdy mawr

Mae'r bobl yma'n byw yn y cartrefi yma:
1. Angharad a Siarl
2. Marged a Jac
3. Dewi a Heulwen
4. Gwenan a Gwion

Ond pwy sy'n byw ble?

Dyma gliwiau i'ch helpu chi.
a) Mae gan Dewi a Heulwen dri o blant.
b) Roedd Marged a Jac yn hoffi teithio. Nawr maen nhw'n hoffi aros gartref.
c) Mae Gwenan a Gwion yn hoffi teithio. Maen nhw'n hoffi aros gartref hefyd!
ch) Mae Dewi a Heulwen yn hoffi cerdded – trwy lwc.
d) Mae Angharad a Siarl yn hoffi cerdded. Maen nhw'n gallu cerdded yn yr ardd.

Yr atebion:

Angharad a Siarl – Y Plas; Marged a Jac – Diwedd y Daith; Dewi a Heulwen – Rhif saith, Stryd y Rhiw; Gwenan a Gwion – Y Sipsi Fach.

Yr Aston Martin

Roedd yr Aston Martin yn edrych yn ffantastig wedi ei barcio y tu allan i giatiau llydan Plas Coch. Aston Martin arian oedd o. Roedd gynno fo fonet hir a llyfn. Roedd gynno fo seddau lledr gwyn a charped hufen trwchus.

Roedd Gwen Redwood Rogers wedi bod yn brysur trwy'r bore yn golchi a pholisho'r car. Roedd hi wedi bod yn brysur yn glanhau nes bod y car yn sgleinio ac yn edrych fel ceiniog newydd. Yna, roedd hi wedi rhoi arwydd yn y ffenestr flaen – 'Ar Werth'.

Roedd Gwen Redwood Rogers yn gwenu iddi hi ei hun. Roedd hi'n gwybod y byddai gan lawer o bobl ddiddordeb mewn prynu'r car. Ac mewn dim o dro daeth cnoc ar ddrws ffrynt mawr Plas Coch.

Bachgen ifanc oedd yno. Roedd o newydd basio ei brawf gyrru ac roedd o'n gyffro i gyd. Ond roedd y bachgen mewn penbleth.

"Oes rhywbeth yn bod ar yr Aston Martin?" gofynnodd y bachgen.

"Na, does dim byd yn bod ar yr Aston Martin. Mae'r Aston Martin yn berffaith!" meddai Gwen Redwood Rogers. Roedd hi'n hapus iawn ei byd.

Crafodd y bachgen ei ben.

Car ei gŵr hi oedd o, esboniodd Gwen Redwood Rogers. Roedd ei gŵr hi wedi marw ddau fis yn ôl ac roedd hi eisiau cael gwared o'r car yn gyflym.

Roedd yn ddrwg gan y bachgen glywed fod ei gŵr hi wedi marw.

"Ond dwi ddim yn deall. Pam 'dach chi'n gwerthu'r car am bris mor ofnadwy o rhad?" gofynnodd o.

Gwenodd Gwen Redwood Rogers gan ddangos ei dannedd i gyd.

"Dyma beth oedd o'n ei ddweud yn ewyllys fy annwyl ŵr i: fi a'r plant sy'n cael Plas Coch. Ond ei ysgrifenyddes o sy'n cael yr elw o werthu'r Aston Martin.

"Roedd hi'n cysgu efo fy ngŵr i ers pum mlynedd. Ond doeddwn i ddim yn gwybod hynny tan rŵan... Felly, os wyt ti eisiau prynu'r Aston Martin, mi gei di o – am bunt."

Tro y bachgen ifanc oedd hi i wenu rŵan. Rhuthrodd o i agor ei waled a rhoi punt boeth yn nwylo Gwen Redwood Rogers.

"Diolch," meddai Gwen Redwood Rogers a rhoi goriadau'r Aston Martin yn nwylo'r bachgen ifanc.

Yna troiodd hi a cherdded yn gyflym tua'r plas. Roedd hi'n edrych 'mlaen at ffonio ysgrifenyddes ei gŵr – a dweud wrth y bitsh am ddod i nôl ei phres hi.

Gwenno Hughes

Geiriau

llyfn – *smooth*
lledr – *leather*
trwchus – *thick*
sgleinio – *to shine*
prawf gyrru – *driving test*
cyffro i gyd – *excited*
mewn penbleth – *confused*
perffaith – *perfect*
esbonio – *to explain*
cael gwared – *to get rid (of something)*
ewyllys – *will*
elw – *profit*
rhuthro – *to rush*
goriadau (gog) = allweddi (de) – *keys*
pres (gog) = arian (de) – *money*

Caws campus!

Dyma rai o gawsiau blasus Cymru:

Hafod:

Enillodd Cheddar Organig Hafod y wobr aur, categori Cynnyrch Llaeth Bach yng Ngwobrau Bwyd a Diod Cymru y Gwir Flas. Mae'n cael ei wneud ar fferm Bwlchwernen Fawr, 10 milltir o arfordir Ceredigion.

Mae Patrick Holden, y perchennog, yn aelod o Gymdeithas Pridd Ynysoedd Prydain. Mae'r fferm yn organig ers 1973 – yr hynaf yng Nghymru.

Caws Cenarth:

Caws Caerffili ydy caws y glowyr. Roedd o'n rhoi halen yn ôl i'r corff pan oedd y glowyr yn gweithio.

Mae Caws Cenarth, yng ngorllewin Cymru, yn gwneud caws Caerffili ers 1987.

Dechreuodd Gwynfor a Thelma Adams wneud caws yn eu ffermdy dros 25 mlynedd yn ôl, ac maen nhw wedi ennill nifer o wobrau y Gwir Flas. Roedden nhw'n gwneud caws â llaw mewn hen weisg caws. Haearn bwrw oedd y gweisg.

Mae Carwyn, y mab, yn gwneud caws rŵan, gan gynnwys caws rhannol-feddal o'r enw Perl Wen. Enillodd Golden Cenarth wobr y Brif Bencampwriaeth yng Ngwobrau Caws Prydain yn 2010. Maen nhw'n gwneud salami. A'i enw? 'Saloni'.

Blaenafon:

Mae'r cwmni caws yma yn ne Cymru yn gwneud wyth math gwahanol o gaws Cheddar a phedwar caws gafr. Susan Fiander-Woodhouse a'i gŵr Gerry sy berchen y cwmni. Dechreuodd Susan wneud caws yn 2006.

Mae caws Pwll Mawr yn cael ei aeddfedu ar waelod y twll yn amgueddfa lo Pwll Mawr. Mae blas gwahanol i rai o'r cawsiau – caws efo wisgi Penderyn, gwin gwyn o Gymru a chynhwysion bara brith. Enillon nhw fedalau Caws Prydain yn 2007 a 2010.

Caws Eryri:
Mae tipyn o gic i gawsiau Eryri yn Llanrwst, yng ngogledd Cymru, ac mae'r enwau'n drawiadol e.e. Little Black Bomber, Green Thunder (efo garlleg a pherlysiau) a Red Devil (efo tsili a phupur du).

Dechreuon nhw yn 2001. Maen nhw'n garedig i'r anifeiliaid, yr amgylchedd ac i elusennau lleol. Enillon nhw'r wobr aur yng Ngwobrau Bwyd a Diod Cymru y Gwir Flas yn 2002 a 2003. Enillodd y Little Black Bomber wobr efydd yng Ngwobrau Caws y Byd yn 2007.

Geiriau

campws – *excellent, wonderful*
arfordir – *coast*
aelod – *member*
glowr, glowyr – *miner,s*
gorllewin – *west*
ffermdy – *farmhouse*
gwneud â llaw – *hand-made*
gwasg, gweisg – *press,es*
haearn bwrw – *cast iron*
rhannol-feddal – *semi-soft*
gafr – *goat*
aeddfedu – *to mature*
tipyn o gic – *quite a kick*
trawiadol – *striking*
perlysieuyn, perlysiau – *herb,s*
efydd – *bronze*

Y Sgowser Cymreig

Mae Niall Griffiths yn awdur – yr Irvine Welsh Cymreig.

O ble 'dych chi'n dod yn wreiddiol?

O Lerpwl. Roedd gen i berthnasau yng ngogledd Cymru pan oeddwn i'n blentyn. Roeddwn i'n ymweld â nhw'n aml ac yn mynd ar wyliau i leoedd fel Llandudno a Dinbych.

Mae gen i gysylltiadau cryf â Chymru erioed – yn emosiynol a gwleidyddol hefyd. Roedd symud yma'n teimlo fel dod adre. Dw i'n byw yn Aberystwyth.

Pwy sy yn eich teulu chi?

Mam, Dad, brawd a dwy chwaer. Ci. Dim plant. Dim gwraig, ond dw i'n byw gyda fy mhartner ers nifer o flynyddoedd nawr. Felly, 'dyn ni'n debyg i bâr priod.

Beth ydy'ch diddordebau chi?

Does gen i ddim diddordebau yng ngwir ystyr y gair, sef cael hwyl. Dw i'n gwneud popeth ar gyfer fy ngwaith – cerdded, gwersylla, teithio… mynd i gemau pêl-droed (yn Anfield).

Gwnaethoch chi lawer o swyddi cyn ysgrifennu. Beth oedd y gwaetha a pham?

Glanhau chwalwr tail ar fferm ar Gilgwri. Oes angen dweud pam? Roedd y *methane* yn gwneud i fi fod eisiau taflu i fyny.

Beth sy'n eich gwneud chi'n hapus?

Llawer o bethau. Ffrindiau, teithio, creu'r frawddeg berffaith.

Beth sy'n gwneud i chi chwerthin?

Gwylio anifeiliaid yn gwylio anifeiliaid eraill.

Beth ydy'ch ofn mwya chi?

Miloedd o bethau. Marw'n araf a phoenus heb urddas – neu'n gyflym ac yn flêr heb ddweud ta-ta.

Pa ddeddf 'dych chi eisiau ei phasio?

Deddf i weld pobl yn trin ei gilydd gydag urddas.

Sut 'dych chi eisiau i bobl eich cofio chi?

Gyda goglais bach rhyfedd yn eu bol.

Beth ydy'ch hoff jôc chi?

Mae dyn yn cerdded ar y ffordd gydag eirinen wlanog ar ei ben. Mae rhywun yn dweud, "Pam mae afal ar eich pen chi?" ac mae e'n dweud, "Nid banana ydy e, ond grawnwin."

Geiriau

cysylltiad,au – *connection,s*
gwleidyddol – *political*
yn debyg i – *similar to*
yng ngwir ystyr y gair – *in the true sense of the word*
gwersylla – *to camp*
y gwaetha – *the worst*
chwalwr tail – *muck spreader*
Cilgwri – *the Wirral*
urddas – *dignity*
blêr (gog) = anniben (de) – *untidy*
deddf – *law*
goglais – *tickling feeling*
eirinen wlanog – *peach*
grawnwin – *grape*

Pwy ydy Niall Griffiths?

- Mae Niall Griffiths yn dod o Lerpwl yn wreiddiol. Mae e'n byw yn Aberystwyth nawr.
- Mae e'n ysgrifennu nofelau tywyll a digri am is-fyd Cymru. Mae ei nofel gyntaf, *Grits*, am ardal Aberystwyth.
- Mae e wedi ysgrifennu chwe llyfr gan gynnwys *Stump* (2004), *Runt* (2007) a *Real Aberystwyth* (2008). Enillodd *Stump* wobr Llyfr y Flwyddyn yn 2004.
- Mae e'n dysgu Cymraeg trwy ddarllen a siarad Cymraeg. Roedd ei fam-gu e'n siarad Cymraeg.
- Mae e'n teithio llawer i ddarllen ei waith.
- Ysgrifennodd e *Ten Pound Pom* am ei daith trwy Awstralia yn 2009. Mae e wedi ysgrifennu fersiwn newydd o un o storïau y Mabinogi, *The Dreams of Max and Ronnie*. Mae'r Mabinogi yn hen, hen straeon Cymraeg sy'n seiliedig ar hen chwedlau Cymraeg.

Geiriau
digri (gog) = doniol (de) – *funny*
is-fyd – *underworld*
chwedl,au – *tale,s*

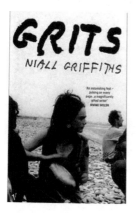

Llaw

Rwyf finnau'n gallu estyn llaw
I gwrdd ag unrhyw un,
Ac os oes pensil ynddi hi
Rwy'n gallu tynnu llun.

Llun: Marian Delyth

Rwy'n gallu dal yn dynn i'r sêt
Wrth fynd ar reid mewn ffair,
Ac wrth ei chodi'n dweud 'ffarwél'
Heb orfod siarad gair.

Rwy'n gallu canu'r nodau i gyd
Ar biano, *doh ray mi*,
Rwy'n gallu anfon neges fach
I ddweud, 'Dy garu di.'

Rwy'n gallu cario baich fy mrawd
A mynd i'r maes i hau,
Ond all fy nwylo wneud dim byd
Os yw fy nwrn ar gau.

Tudur Dylan Jones

Geiriau
cwrdd = cyfarfod – *to meet*
tynn – *tightly*
sêt – *seat*
gorfod – *to have to*
baich – *load*
maes – *field*
hau – *to sow*

Mwg sanctaidd! Batman... o Gymru!

Mae ffans Batman yng Nghymru yn hapus iawn! Mae Batman
yn Gymro. Christian Bale ydy un o actorion mwya enwog
Hollywood. Ond cafodd e ei eni yn Sir Benfro.

Christian ydy seren y ffilm *American Psycho*. Enillodd e
Oscar am ei ran fel cyn-focsiwr yn *The Fighter*. Chwaraeodd e
Iesu Grist yn y ffilm deledu *Mary, Mother of Jesus* (1999).

Mae e mewn tair ffilm am Batman: *Batman Begins* (2005),
The Dark Knight (2008) a *The Dark Knight Rises* (2012). Mae
Batman yn gymeriad poblogaidd mewn comics hefyd, ac
mewn cyfres deledu. Mae deg ffilm am Batman o Hollywood.

Cafodd Christian Bale ei eni yn Hwlffordd. Cafodd e ei
fagu yn Lloegr, Portiwgal ac Unol Daleithiau America.

Mae perfformio yn y gwaed. Roedd ei fam yn dawnsio ac
yn glown mewn syrcas. Roedd ei ddau dad-cu yn actorion.
Perfformiodd e ar y llwyfan am y tro cynta pan oedd e'n 10
oed, yn *The Nerd* gyda Rowan Atkinson.

Ei ffilm gynta oedd *Empire of the Sun* (1987). Roedd e'n
chwarae bachgen mewn gwersyll carcharorion Siapaneaidd
yn ystod yr Ail Ryfel Byd. Roedd cân Gymraeg yn y ffilm
– 'Suo Gân'.

Geiriau
mwg sanctaidd – *holy smoke*
Sir Benfro - *Pembrokeshire*
cymeriad – *character*
Hwlffordd – *Haverfordwest*
gwaed – *blood*
llwyfan – *stage*
gwersyll carcharorion – *prison camp*
yr Ail Ryfel Byd – *the Second World War*

Batman a Chymru

Meddyliwch… tasai Batman yn siarad Cymraeg!
Dim Gotham City. Fasai Batman yn mynd i Llan-gollen City?
Pa sŵn fasai Batman Cymraeg yn ei wneud? Zap! Bam! Pow-ys!
Fasai Robin, ei ffrind, yn dweud "Holy-head, Batman!"?
Pwy fasai'r Cymry eraill yn y ffilm?

Beth tasai'r cast i gyd yn dod o Gymru?!

The Joker – Ian Hislop. Golygydd y cylchgrawn *Private Eye* a chapten tîm ar y cwis *Have I Got News For You*. Cafodd ei eni yn y Mwmbwls.

The Riddler – John Humphrys. Mae e'n gofyn cwestiynau anodd ar y rhaglen *Today* ac ar *Mastermind*.

The Penguin – Iolo Williams. Mae e'n cyflwyno rhaglenni natur ar y teledu ac mae e wedi gweld pengwins yn Ne'r Iwerydd.

Catwoman – Cerys Matthews o Cat-atonia!

Alfred, y bwtler – Beth am Anthony Hopkins neu Paul Burrell? Roedd e'n arfer byw yng Nghymru.

Geiriau
golygydd – *editor*
cylchgrawn – *magazine*
De'r Iwerydd – *South Atlantic*

Diwrnod allan yng Nghymru

Lle lliwgar

Ble?   Pili Palas, Porthaethwy, Ynys Môn

Beth sy yno?   Pob math o bili-palod, adar, cornel anifeiliaid
                     anwes – a nadroedd a phryfed cop! Mae
                     canolfan addysg, caffi a siop yno hefyd.

Ffeithiau diddorol:

* Mae 100 o wahanol fathau o bili-palod yno.
* Mae teulu o *meerkats* yno: John, Paul, George a Ringo.
* Mae anifeiliaid fferm yno hefyd, gan gynnwys geifr *pygmy*
  a moch *kunekune*.

Eisiau gwybod mwy?

Mae Pili Palas ar agor bob dydd, 10am–5pm. Manylion llawn
ar y wefan: www.pilipalas.co.uk

Geiriau

pili-pala, pili-palod – *butterfly, butterflies*
neidr, nadroedd – *snake,s*
pryf,ed cop (gog) = corryn, corynnod (de) – *spider,s*
addysg – *education*

Am antur!

Ble?   Parc antur Oakwood, ger Arberth yn Sir
                     Benfro

Beth sy yno?   Mae mwy na 15 reid gwahanol. Os 'dach
                     chi'n fentrus ewch ar y Megafobia, Drenched,
                     The Bounce, Vertigo neu Speed. Mae digon
                     o reids i'r plant bach hefyd, a beth am fynd i
                     fwynhau yn y Ffatri Hud?

Ffaith ddiddorol:

- Y *rollercoaster* Speed ydy'r reid ucha a chyflyma yng Nghymru. Mae'n syrthio 97°.

Eisiau gwybod mwy?

Mae Oakwood ar agor rhwng diwedd Mawrth a diwedd Tachwedd. Mae'n bosib gweld yr amseroedd agor ar y wefan: www.oakwoodthemepark.co.uk

---

Geiriau

am antur! – *what an adventure!*
mentrus – *daring*
Ffatri Hud – *the Magic Factory*
syrthio (gog) = cwympo (de) – *to fall*

Gerddi gwych

Ble?   Gerddi hyfryd Bodnant, Dyffryn Conwy

Beth sy yno? Mae Bodnant yn enwog am goed rhododendron, camelia a magnolia. Yn yr haf, beth am fynd am dro yn y gerddi teras i weld y borderi blodau, y rhosod, y lili'r dŵr a'r clematis? Mae llawer o bethau i deuluoedd hefyd – llwybr i deuluoedd, help i fwynhau byd natur, posau a gweithgareddau eraill.

Ffeithiau diddorol:

- Dechrau ar y gwaith o greu Gerddi Bodnant yn 1875.
- Heddiw, mae'r gerddi yn nwylo'r Ymddiriedolaeth Genedlaethol.

Eisiau gwybod mwy?

Ar agor: Mawrth–Hydref, 10am–5pm; Tachwedd–Rhagfyr, 10am–3pm. Gwefan: www.nationaltrust.org.uk/bodnant-garden

---

Geiriau

rhosyn, rhosod – *rose,s*
gweithgaredd,au – *activity, activities*
creu – *to create*
yn nwylo – *in the hands of*
yr Ymddiriedolaeth Genedlaethol – *the National Trust*

Tipyn o sioe

Ble?   Llanelwedd, Powys. Sioe Frenhinol Cymru neu y Sioe Fawr – un o sioeau amaethyddol mwya Ewrop

Pryd?   Ym mis Gorffennaf. Mae Gŵyl Wanwyn ym mis Mai a Ffair Aeaf ym mis Tachwedd.

Beth sy i wneud yno?

- Eisteddwch wrth y prif gylch i weld y Cobiau Cymreig.
- Ewch i flasu cynnyrch gorau Cymru yn y Pafiliwn Bwyd.
- Ewch i wario eich arian mewn cannoedd o stondinau…
- … ac mae digon o hwyl ym Mhafiliwn y Ffermwyr Ifanc!

Ffeithiau diddorol:

- Roedd y sioe gynta yn Aberystwyth yn 1904.
- Tan 1963, roedd y sioe yn teithio o gwmpas Cymru. Ers hynny, mae hi yn Llanelwedd.
- Mae tua 230,000 o bobl yn mynd yno bob blwyddyn.

Eisiau gwybod mwy?

Gwefan: www.rwas.co.uk

Hen hanes

Ble? Amgueddfa Werin Cymru, Sain Ffagan, Caerdydd. Mae hi'n dangos sut roedd pobl yn byw yng Nghymru o Oes y Celtiaid hyd heddiw.

Beth sy yno? Hen dai a bythynnod a hen adeiladau eraill. Crefftwyr yn gweithio e.e. y pobydd, y gof, y turniwr coed – a mwy! Mae digwyddiadau arbennig hefyd.

Ffaith ddiddorol:

• Mae'r adeiladau yn Sain Ffagan yn dod o bob rhan o Gymru. Maen nhw'n cael eu tynnu i lawr a'u codi eto, un garreg ar y tro.

Eisiau gwybod mwy?

Ar agor: 10am–5pm bob dydd.
Gwefan: www.amgueddfacymru.ac.uk/cy/sainffagan

Oeddech chi'n gwybod...?

- Mae dros 13 miliwn o ymwelwyr yn dod i Gymru bob blwyddyn. Mae 9 o bob 10 ohonyn nhw'n dod o wledydd Prydain.

- Mae ymwelwyr yn gwario £3 biliwn yng Nghymru bob blwyddyn.

- Mae nifer o bobl yn dod yma am wyliau byr. Maen nhw'n dod i fwynhau cefn gwlad a gweithgareddau awyr agored.

- Mae gan Gymru 750 o filltiroedd o arfordir godidog. Mae pobl yn dod i lan y môr yn yr haf i ganŵio, caiacio, hwylio a thorheulo.

- Mae gan Gymru fwy o gestyll i bob milltir sgwâr nag unrhyw wlad arall yng Ngorllewin Ewrop.

Y wers

roeddwn i,
roedd hi
ac roeddem ni –
dyna'r amser amherffaith.

mi rydw i,
rwyt ti
ac rydan ni –
amser presennol ydi hwn,
sy'n mynegi'r modd perffaith.

Steve Eaves

Geiriau
amherffaith – *imperfect*
mynegi – *to convey*
modd – *state*

Llun: Marian Delyth

Blog Bethan

Mae Bethan Gwanas yn ysgrifennu nofelau ac yn cyflwyno rhaglenni teledu hefyd. Mae hi'n hoffi teithio. Aeth hi ar hyd llinell y cyhydedd. Dyma ei blog hi – dyddiadur ar y we – am ei thaith.

3.7.07
Wel, mae popeth yn barod ar gyfer y daith nesa – ond dw i ddim wedi pacio eto. Bydda i'n teithio i Lundain nos Iau (5 Gorffennaf). 'Dan ni'n checkio i mewn am 4 y bore. O, hyfryd! Byddwn ni wedyn yn hedfan i Libreville, prifddinas Gabon, via Paris.

Gwlad fechan ar arfordir gorllewin yr Affrig ydy Gabon. Roedd y Ffrancwyr yn rheoli yno tan 1960. Dyna pam maen nhw'n yfed mwy o siampên na neb, bron. Mi ga i wydraid neu ddau – a chyfle i ddefnyddio fy Ffrangeg eto.

6.7.07 Wedi cyrraedd!!
Wedi cyrraedd Libreville yn ddiogel. Es i am badl yn y môr ar ôl cyrraedd ac mae'n hyfryd o gynnes. Ond doedd neb yn nofio yn unlle. Felly, mi wnes i benderfynu aros i weld ydy o'n ddiogel. Meddyliwch taswn i'n boddi'n syth ar ôl cyrraedd.

7.7.07 Ar y traeth
Dw i'n eistedd yma â 'nhraed yn y tywod yn syllu ar y tonnau. Dw i'n gallu sgwennu hwn ar y laptop heb wifrau. On'd ydy technoleg yn beth braf?

8.7.07 Awww!
Doeddwn i ddim yn gallu credu fy llygaid yn y brif farchnad. Roedd y ferch yma'n siafio aeliau efo *razor blade*

– yr un un i bawb. Yna, roedd hi'n peintio aeliau geometrig rhyfedd ar yr wynebau, gan ddefnyddio stwff lliwio gwallt du. Ffasiwn!

Le Couloir de la Mort
Roeddwn i isio mynd i ffilmio yn stryd Le Couloir de la Mort neithiwr – cyntedd y meirw. Mae pawb yn dod yma i chwilio am gariad ac yn dod yma i feddwi nes eu bod nhw'n KO. Wel, welon ni ddim llawer o gyrff meddw ar y llawr. Dw i wedi gweld mwy yn y Bala ar nos Sadwrn.

Priodi
Mae'r gwesty'n boblogaidd – a nefi wen, maen nhw'n gwybod sut i drefnu priodasau! Drymwyr a chôr o ferched mewn gwyn a melyn yn dathlu efo'r cwpwl priod. A sŵn? Bobl bach.

Mbeng Ntame

Noson arbennig neithiwr – dawnsio mewn pentre o'r enw Mbeng Ntame, tri chwarter awr o Libreville. Argol, roedden nhw'n llawn egni. Un teulu ydyn nhw – chwe chwaer, un wedi priodi Ffrancwr, a phob un wedi cael llwyth o blant. Maen nhw'n dawnsio yn yr hen ffordd i ddiddanu ymwelwyr.

Maen nhw'n cynnig Iboga – planhigyn sy'n gwneud i chi hedfan! Ac ar ôl i mi roi ychydig bach ar fy nhafod, diawl, roedd yna rywbeth yn digwydd.

Bethan Gwanas

Gallwch chi ddarllen mwy o hanes Bethan Gwanas yn *Hanas Gwanas*, ei hunangofiant hi.

Geiriau

llinell y cyhydedd – *the equator*
yn unlle (gog) = yn unman (de) – *anywhere*
diogel – *safe*
boddi – *to drown*
syllu – *to stare*
gwifren, gwifrau – *wire,s*
technoleg – *technology*
ael,iau – *eyebrow,s*
yr un un – *the same one*
cyntedd – *passage*
nefi wen – *blimey* < nefi wen = nefoedd
drymiwr, drymwyr – *drummer,s*
argol (gog) = mowredd (de) – *goodness*
< **Arglwydd** – *Lord*
egni – *energy*
llwyth – *loads*
diddanu – *to entertain*
hunangofiant – *autobiography*

Lawr ar lan y môr

Mae'n ddiwrnod poeth, braf. Y diwrnod braf cynta ers dyddiau. Mae hi wedi bod yn haf gwlyb iawn, a'r haul yn wincio ar y byd rhwng cawodydd. Fel cariad pryfoclyd. Yn gwenu'n glên un funud ac yna'n cuddio'i wyneb dan gwmwl llwyd. "Na! Dw i ddim eisiau rhoi sws iti heddiw wedi'r cyfan."

Haf hir, gwlyb. A dydi'r dyn tywydd hwyliog ar y teledu ddim yn gallu dod o hyd i fwy o eiriau. Dim ond: "Rhywbeth tebyg eto heddiw. Glaw. Ambell gyfnod sych os byddwn ni'n lwcus."

Ond heddiw mae'n ddiwrnod braf ac mae hi wedi dod i lawr i'r prom. Anghofio'r rwtîn arferol, cau'r drws a dod i lawr yma i edrych ar y môr. Mae'r môr a'r awyr yn un cynfas glas, glân.

Mae hi'n gwylio'r byd yn mynd heibio. Gwrando hefyd. Ar y merched ysgol a'r sgertiau byr yn giglan yn uchel: "O-mai-god, Lisa!! Be wnaeth o ddweud wedyn?" Ar y teuluoedd ifanc yn gwthio pramiau sy'n edrych fel beiciau tair olwyn, yn cario todlars mewn bagiau ar eu cefnau: "Mi gei di hufen iâ yn y munud, Tomos. Edrych ar y môr!"

Cyplau. Canol oed a hen, a chariadon ifanc fel y ddau sy'n aros am funud o'i blaen. Mae o'n sibrwd rhywbeth yn ei chlust ac mae hithau'n ei ateb o'n swil. Mae'n rhoi sws gynnes iddi hi cyn iddyn nhw symud ymlaen heb weld neb arall ond ei gilydd.

Tybed ydi o wedi gofyn iddi ei briodi o? Ydi hi wedi derbyn?

"Ti'n fy ngharu i, caru fi, caru fi...?"

Mae'r tonnau'n taro'r traeth yn ysgafn, ac mae hi'n gweiddi, "Ydw, ydw, ydw! Lle est ti...?"